Sans Limites

L'équitation

Kate Calder

Illustrations de Bonna Rouse

Traduction : Anne-Marie Gauthier pour Soludoc

L'équitation est la traduction de *Horseback Riding in Action* de Kate Calder (ISBN 0-7787-0179-4)
©2001, Crabtree Publishing Company, 612, Welland Ave., St.Catharines, Ontario, Canada L2M 5V6

Catalogage avant publication de Bibliothèque et Archives nationales du Québec et Bibliothèque et Archives Canada

Calder, Kate, 1974-

L'équitation

(Sans limites)
Traduction de : Horseback Riding in Action
Pour les jeunes de 8 à 12 ans.

ISBN 978-2-89579-232-1

1. Équitation - Ouvrages pour la jeunesse. I. Titre. II. Collection : Sans limites (Montréal, Québec).

SF309.2.C2414 2009   j798.2   C2008-942556-1

Recherche de photos
Kate Calder
Remerciements particuliers à Marie-Christine Turineck, David Turineck, John Siemens, Katherine Siemens, Stacey Wallace et Adele Thomson

Photos
Bruce Curtis : pages 3, 8 (en haut), 9 (en bas), 10 (toutes), 11 (toutes), 12, 13 (en bas), 16, 21 (en haut à gauche et à droite), 22, 23 (toutes), 24 (en bas), 25 (toutes), 29, 30, 31 (à droite)
Bob Langrish : page couverture
John Siemens : quatrième de couverture
SportsChrome : page 31 (à gauche) ; Kim Stallknecht : page 5
Diane Thomson : page titre, pages 4, 6-7, 8 (en bas), 9 (en haut), 13 (en haut à gauche et à droite), 15, 17 (toutes), 18, 19 (toutes), 20, 21 (en bas), 24 (en haut), 26

Illustrations
Bonna Rouse, sauf page 28 : David Calder ; et page 11 : Tammy Everts
Toutes les mesures possibles ont été prises pour obtenir, au besoin, l'autorisation de publier les photos des athlètes qui figurent dans ce livre.
Tout oubli ou omission peut être porté à l'attention des éditeurs, qui effectueront la correction en vue des impressions subséquentes.

Nous reconnaissons l'aide financière du gouvernement du Canada par l'entremise du
Programme d'aide au développement de l'industrie de l'édition (PADIÉ) pour nos activités d'édition.

 Conseil des Arts   Canada Council
du Canada   for the Arts

Bayard Canada Livres Inc. remercie le Conseil des Arts du Canada du soutien accordé à son programme d'édition dans
le cadre du Programme des subventions globales aux éditeurs.

Cet ouvrage a été publié avec le soutien de la SODEC.
Gouvernement du Québec – Programme de crédit d'impôt
pour l'édition de livres – Gestion SODEC.

Dépôt légal – 1e trimestre 2009
Bibliothèque nationale du Québec
Bibliothèque nationale du Canada

Direction :   Andrée-Anne Gratton
Graphisme :   Mardigrafe
Traduction :   Anne-Marie Gauthier pour Soludoc
Révision :   Pierre Corbeil pour Soludoc

© Bayard Canada Livres inc., 2009
4475, rue Frontenac
Montréal (Québec)
Canada H2H 2S2
Téléphone : (514) 844-2111 ou 1 866 844-2111
Télécopieur : (514) 278-3030
Courriel : edition@bayard-inc.com
Site Internet : www.bayardlivres.ca

Imprimé au Canada

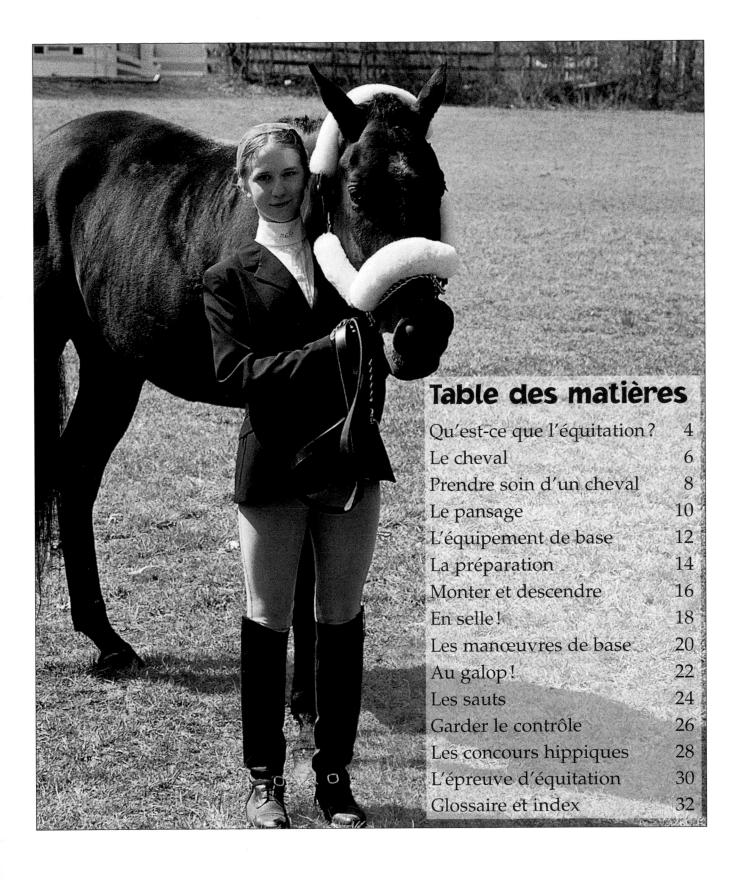

Table des matières

Qu'est-ce que l'équitation ?

L'équitation est un sport dans lequel un cavalier et un cheval collaborent en vue de participer à des concours d'adresse et d'endurance. Dans le cadre de ce sport, on doit, notamment, sauter par-dessus des obstacles et exécuter parfaitement des **manœuvres** difficiles. Toutefois, l'équitation n'est pas seulement un sport. Certaines personnes montent à cheval pour accomplir des tâches dans une ferme ou un ranch. Plusieurs font des randonnées à cheval pour le plaisir. Et enfin, d'autres personnes font de l'équitation dans le cadre de rodéos, de courses ou d'acrobaties appelées « voltiges ».

Les épreuves équestres

Le terme « équestre » qualifie les épreuves d'équitation. Les cavaliers doivent apprendre à diriger leur cheval avec leur corps de manière à le faire contourner ou franchir des obstacles. Pour réussir à commander un cheval, il faut plusieurs heures de pratique et de travail acharné. Les cavaliers peuvent mettre à l'épreuve leur habileté lors de concours à l'échelle régionale, nationale ou internationale. Certains participent même aux Jeux olympiques.

Équitation classique et western

Il existe deux styles d'équitation : la classique et la western. L'équitation western est utilisée dans les concours de rodéo ou par les travailleurs de ranch qui doivent mener le bétail au pâturage, à plusieurs kilomètres de distance. L'équitation classique (ou anglaise) est utilisée dans les épreuves équestres et pour faire des randonnées à cheval. La selle anglaise est plus petite que la selle western. Les cavaliers qui font de l'équitation classique tiennent les rênes avec les deux mains et font le trot enlevé (voir page 22). Ce livre décrit la pratique de l'équitation à l'aide d'une selle anglaise, donc l'équitation classique.

La partie arrière de la selle western est surélevée et sa partie avant est munie d'un pommeau pour y attacher une corde. Pour diriger le cheval, le cavalier tient les rênes d'une seule main. Le cavalier ci-dessus tient les rênes à deux mains pour maîtriser son cheval.

Le cheval

Chaque cheval a sa personnalité distincte et sa propre **conformation** ou forme corporelle. L'apprentissage de l'équitation te semblera plus facile si tu apprends à connaître la personnalité et le corps de ton cheval. Prends le temps d'examiner les différentes parties du corps du cheval qui sont présentées ici afin de mieux comprendre les leçons d'équitation qui sont offertes plus loin dans ce livre.

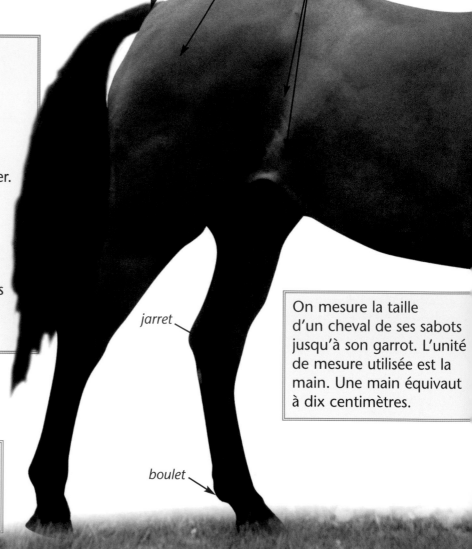

base de la queue

arrière-main

flanc

jarret

boulet

Un animal puissant

À l'origine, l'équitation était un moyen de transport. Comme les chevaux ont beaucoup de force et d'endurance, ils peuvent tirer ou transporter un chargement sur de longues distances sans se fatiguer. On s'est donc servi d'eux pendant des centaines d'années pour se déplacer d'un endroit à l'autre. Les chevaux ont aussi été utilisés à des fins militaires. Les officiers mettaient à l'épreuve leurs habiletés en équitation lors de concours de sauts et d'adresse.

On mesure la taille d'un cheval de ses sabots jusqu'à son garrot. L'unité de mesure utilisée est la main. Une main équivaut à dix centimètres.

Les sabots du cheval contiennent de la kératine, comme tes ongles.

6

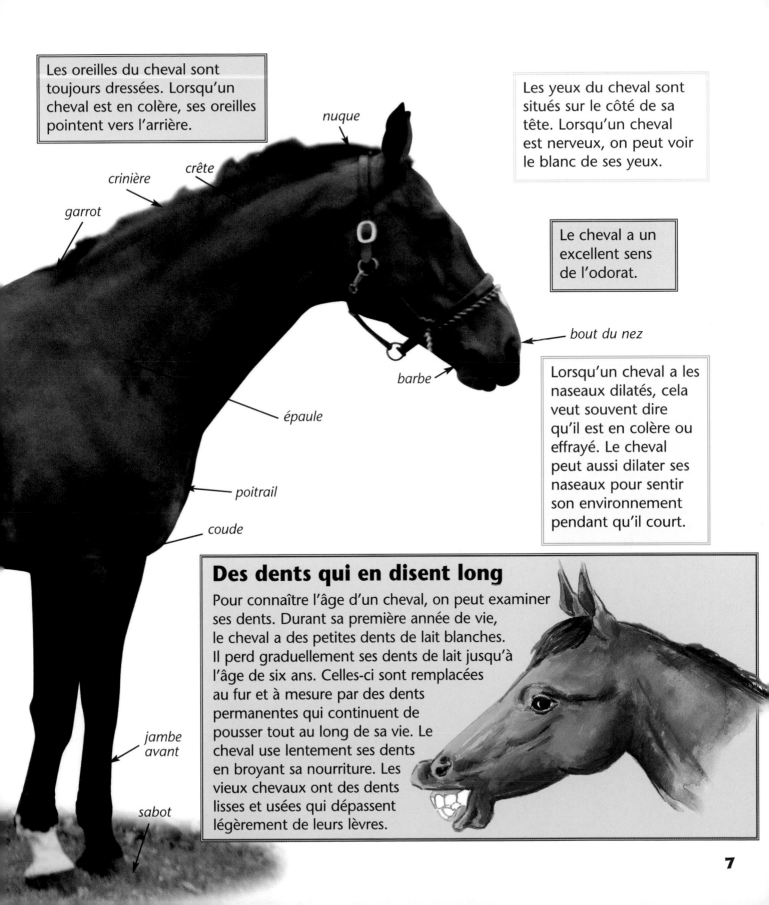

Les oreilles du cheval sont toujours dressées. Lorsqu'un cheval est en colère, ses oreilles pointent vers l'arrière.

Les yeux du cheval sont situés sur le côté de sa tête. Lorsqu'un cheval est nerveux, on peut voir le blanc de ses yeux.

Le cheval a un excellent sens de l'odorat.

nuque

crête

crinière

garrot

bout du nez

barbe

épaule

Lorsqu'un cheval a les naseaux dilatés, cela veut souvent dire qu'il est en colère ou effrayé. Le cheval peut aussi dilater ses naseaux pour sentir son environnement pendant qu'il court.

poitrail

coude

Des dents qui en disent long

Pour connaître l'âge d'un cheval, on peut examiner ses dents. Durant sa première année de vie, le cheval a des petites dents de lait blanches. Il perd graduellement ses dents de lait jusqu'à l'âge de six ans. Celles-ci sont remplacées au fur et à mesure par des dents permanentes qui continuent de pousser tout au long de sa vie. Le cheval use lentement ses dents en broyant sa nourriture. Les vieux chevaux ont des dents lisses et usées qui dépassent légèrement de leurs lèvres.

jambe avant

sabot

Prendre soin d'un cheval

Être propriétaire d'un cheval, c'est amusant, mais ça représente beaucoup de travail! Il a besoin de nourriture et d'eau fraîches plusieurs fois par jour. Il faut nettoyer entièrement sa stalle et y mettre de la litière fraîche faite de paille ou de copeaux de bois au moins une fois par jour. Il faut également lui faire faire de l'exercice pour qu'il reste en santé et lui donner beaucoup d'attention pour qu'il soit heureux.

(à gauche) Ce cheval porte un bonnet anti-mouches pour empêcher les mouches de l'énerver en volant autour de ses yeux. Le cheval peut voir à travers le bonnet.

L'alimentation du cheval

Pour se nourrir, le cheval broute de l'herbe. Cependant, en hiver, lorsque l'herbe ne pousse plus, il faut lui donner du foin. Le cheval mange aussi parfois des céréales comme de l'avoine, de l'orge, du maïs ou des graines de lin, selon le type de travail qu'il accomplit pour son propriétaire. Il doit toujours avoir une réserve d'eau fraîche.

Le nettoyage de la stalle

Il est important de nettoyer la stalle de ton cheval tous les jours. Tu dois enlever la paille souillée et les crottes à l'aide d'une fourche, puis déposer de la paille fraîche. Il faut recouvrir le sol d'au moins dix centimètres de paille ou de copeaux de bois. Les copeaux de bois n'ont pas besoin d'être remplacés aussi souvent que la paille, mais les crottes et les copeaux souillés doivent quand même être ramassés chaque jour.

La santé du cheval

Tu dois faire attention à ton cheval et surveiller les signes de maladie. Un cheval en santé a la **robe** lisse et luisante, les yeux brillants et les oreilles dressées. Un cheval malade peut refuser de manger ou de boire. Il peut transpirer ou avoir de la difficulté à respirer. Si ton cheval boite, il a peut-être un pied ou une jambe blessé. La présence de cailloux dans un sabot peut le faire boiter. Pour bien suivre la santé de ton cheval, tu peux noter dans un cahier ses symptômes ainsi que les visites du vétérinaire.

(ci-dessus) Cette cavalière utilise une fourche pour retirer les crottes de la litière.

(ci-dessous) Afin de détendre les jambes avant de ce cheval, on les a plongées dans une baignoire à remous conçue pour les chevaux.

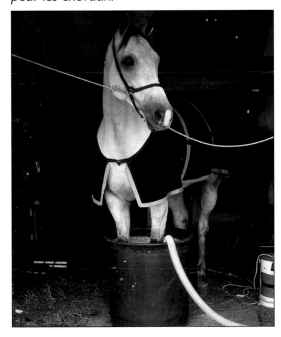

9

Le pansage

Il est important de toujours garder ton cheval propre. Non seulement aura-t-il meilleure allure, mais il sera également plus en santé. Panser un cheval, cela veut dire le nettoyer, retirer la saleté, la sueur et la graisse de sa robe. Le pansage permet également d'enlever les bestioles qui pourraient causer des infections de peau. En frottant la robe de ton cheval, tu masses ses muscles et aides le sang à circuler dans tout son corps.

Tu peux ranger et transporter tes accessoires de pansage dans une boîte comme celle qui est illustrée ci-dessus. Combien de brosses différentes vois-tu dans cette boîte ?

Le brossage

Tu auras besoin de plusieurs types de brosses pour panser ton cheval. La brosse dure est munie de poils longs et rugueux, et sert à retirer les saletés et la sueur. Avec la brosse douce, fais de grands mouvements pour lisser la robe de ton cheval de la tête jusqu'à la queue. Assure-toi de brosser dans le même sens que les poils. Sers-toi du peigne à crinière pour démêler les nœuds qui se sont formés dans sa crinière ou sa queue.

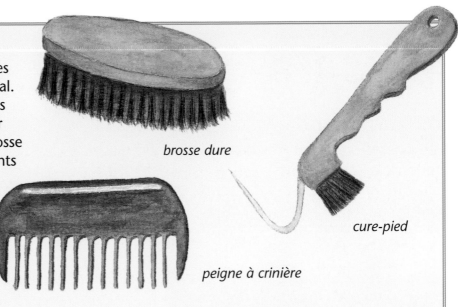

brosse dure

cure-pied

peigne à crinière

Soins des pieds

Utilise un **cure-pied** pour retirer des sabots de ton cheval les cailloux et les grosses saletés qui pourraient le blesser. Brosse ses sabots avec de l'huile pour les empêcher de sécher et de craquer.

Avant un concours de saut d'obstacles, les cavaliers tressent la crinière et la queue de leur cheval pour lui donner une apparence élégante et soignée.

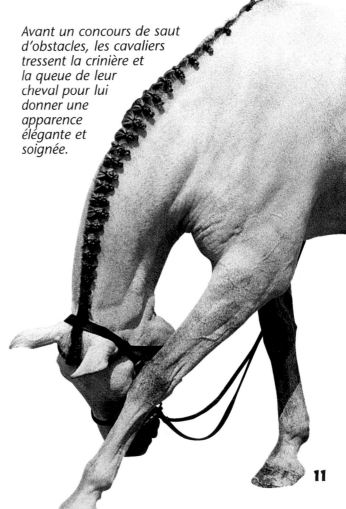

L'équipement de base

Les cavaliers portent un casque protecteur muni d'une **mentonnière**. Ce type de casque est appelé une « bombe ».

Avant de monter ton cheval, tu dois l'équiper de ce qu'on appelle un « harnachement ». Le harnachement comprend, entre autres choses, une selle et une bride. Tu dois également porter un équipement conçu pour l'équitation. Si jamais tu participes à des épreuves équestres, tu devras porter une tenue semblable à celle qui figure à gauche.

Les gants empêchent les rênes de glisser des mains du cavalier.

La plupart des cavaliers portent des bottes hautes. Celles-ci sont dotées d'un petit talon pour empêcher les pieds du cavalier de glisser des étriers.

Les pantalons d'équitation, appelés « jodhpurs », sont renforcés à l'intérieur de chaque jambe pour empêcher le tissu de s'user.

La selle

La selle est un siège qui te permet d'être assis solidement et confortablement sur le dos de ton cheval, sans blesser sa colonne vertébrale. La selle est faite d'un cadre de bois et de métal rembourré et recouvert de cuir.

La bride

têtière

frontal

sous-gorge

montant

rênes

muserolle

La bride sert à diriger et à maîtriser le cheval. Elle est composée de multiples lanières de cuir et d'un mors, qui est une barre de métal ou de caoutchouc que l'on insère dans la bouche du cheval. Les rênes sont attachées au mors. Tu dois diriger ton cheval à l'aide des rênes, qui tirent sur le mors. Le mors et les rênes sont fixés à des lanières de cuir souple comme la muserolle, les montants et la têtière. La bride doit être ajustée parfaitement à la tête du cheval.

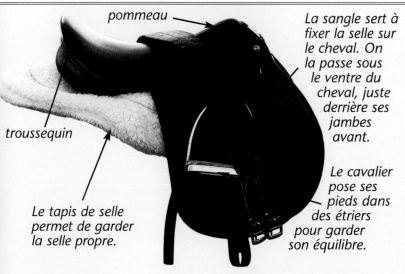

pommeau

trousséquin

Le tapis de selle permet de garder la selle propre.

La sangle sert à fixer la selle sur le cheval. On la passe sous le ventre du cheval, juste derrière ses jambes avant.

Le cavalier pose ses pieds dans des étriers pour garder son équilibre.

Logé et nourri

Plusieurs personnes ne possèdent pas d'écurie pour leur cheval. Elles le confient donc à une **pension** pour chevaux qui s'occupe de le loger et d'en prendre soin.

Les écoles d'équitation

Pour apprendre l'équitation, tu peux suivre des leçons privées ou de groupe. Si tu ne possèdes pas de cheval, ne t'en fais pas. La plupart des cavaliers débutants n'en ont pas et plusieurs écoles d'équitation fournissent un cheval à leurs élèves.

La préparation

Avant de monter à cheval, tu dois étirer et échauffer tes muscles afin d'éviter les blessures. Les échauffements aident également ton corps à se détendre. Lorsqu'on est crispé ou inconfortable, le cheval le sent et cela le rend nerveux, lui aussi. Prends quelques minutes pour calmer ton cheval en le caressant et en lui parlant. Il est plus facile de maîtriser un cheval détendu qu'un cheval nerveux.

Torsions

Place tes pieds en ligne droite avec tes épaules et étends tes bras de chaque côté de ton corps. Tourne le haut de ton corps d'un côté, puis de l'autre. Fais cet exercice dix fois de suite.

Étirements latéraux

Place tes pieds en ligne droite avec tes épaules et étends tes bras de chaque côté de ton corps. Penche-toi aussi loin que possible sur le côté en glissant ta main le long de ta jambe. Refais la même chose de l'autre côté. Fais cet exercice dix fois de suite.

Balancements de jambe

Tiens-toi droit et appuie-toi sur une chaise afin de garder ton équilibre. Balance ta jambe de l'avant vers l'arrière dix fois de suite. Plie légèrement le genou de la jambe qui se balance. Refais le même exercice avec l'autre jambe.

*Lorsque tu t'approches d'un cheval pour la première fois, avance lentement en te plaçant face à lui ou à son épaule et parle-lui doucement. Tiens une laisse dans une main derrière ton dos (comme ci-dessus). Avec l'autre main, présente-lui une pomme ou une carotte afin de l'inciter à te laisser approcher. Une fois que tu es près du cheval, attache la laisse au **licou**.*

Une approche en douceur

Les chevaux n'aiment pas les bruits forts et les mouvements brusques. Lorsque tu t'approches d'un cheval, place ton épaule face à la sienne pour qu'il te voie clairement. Lorsque tu te déplaces autour de lui, touche-le doucement afin qu'il puisse toujours savoir exactement où tu te trouves.

Zone de danger

Ne te tiens jamais directement derrière un cheval, car il pourrait te donner un coup de pied ! Lorsque tu te diriges vers l'arrière du cheval, touche-le constamment et parle-lui doucement afin qu'il puisse savoir où tu te trouves. Les mouvements brusques ou les sons inattendus peuvent surprendre le cheval et l'amener à donner un coup de pied.

Monter et descendre

Avant de monter ton cheval, tu dois savoir comment installer sa selle. La selle doit être fixée solidement sur le cheval afin qu'elle ne glisse pas sur le côté. D'abord, place la selle à plat sur le dos du cheval. Ensuite, prends la courroie de la sangle sous le ventre du cheval et serre-la doucement sous son coude. Vérifie que la courroie ne pince pas la peau du cheval. Ajuste les étriers afin qu'ils se trouvent à un bras de distance de la selle. N'oublie pas de tenir les rênes du cheval afin de pouvoir le maîtriser s'il se déplace.

Comment monter

Installe-toi du côté gauche du cheval. Tiens les rênes dans ta main gauche, et place celle-ci au-dessus de l'épaule du cheval. Si tu n'arrives pas à atteindre les étriers, utilise un **montoir**.

Place ton pied gauche dans l'étrier. Avec ta main droite, agrippe l'arrière de la selle. Tiens légèrement la crinière avec ta main gauche. Penche-toi vers l'avant et soulève ton pied droit.

Lève-toi d'un coup et passe ta jambe droite par-dessus le dos du cheval. Assieds-toi en douceur sur la selle. Place ton pied droit dans l'étrier.

Descendre

Lorsque tu es prêt à descendre de ton cheval, demande à ton instructeur ou à un partenaire de le tenir afin qu'il demeure immobile. Retire tes pieds des étriers, penche-toi vers l'avant et passe ta jambe droite derrière toi, par-dessus la selle. Ne passe jamais ta jambe devant toi pour descendre, car un mouvement brusque du cheval pourrait te faire tomber à la renverse. Reste face au cheval et laisse-toi descendre lentement jusqu'au sol. Tiens les rênes solidement au cas où le cheval bougerait pendant que tu descends.

En selle !

Lorsqu'on apprend à monter un cheval, la première étape consiste à acquérir une **bonne assiette**. « Avoir une bonne assiette » signifie que l'on peut se tenir sur un cheval solidement et confortablement, sans l'aide des rênes. Les exercices présentés à la page suivante t'aideront à développer une bonne assiette. Demande à quelqu'un de tenir le cheval pendant que tu t'exerces.

Lorsque tu es assis sur la selle, tu dois avoir les épaules et les jambes détendues et le dos droit.

Lève tes jambes

Retire tes pieds des étriers et lève tes jambes de chaque côté. Étends aussi tes bras.

Étends-toi

Garde tes pieds dans les étriers et étends-toi le plus possible vers l'arrière en gardant tes jambes vers le bas.

Tiens-toi debout

Mets-toi debout sur les étriers en basculant ton poids dans les talons. Lève les bras à la hauteur de tes épaules et reste en équilibre dans cette position.

Touche tes orteils

Touche ton pied droit avec ta main gauche. Pour faire cela, tu dois te pencher vers l'avant et par-dessus le cheval.

Les manœuvres de base

Une fois que tu es à l'aise sur ton cheval, tu peux commencer
à le diriger pendant qu'il se déplace. Tu dois communiquer
avec ton cheval pour le faire avancer. Les indications que
tu lui donnes pour lui dire quand et comment se
déplacer sont appelées des « aides ». Tes mains,
tes jambes, ta voix, ton assiette ou ta façon
de t'asseoir sur la selle te servent toutes
d'aides pour diriger ton cheval.

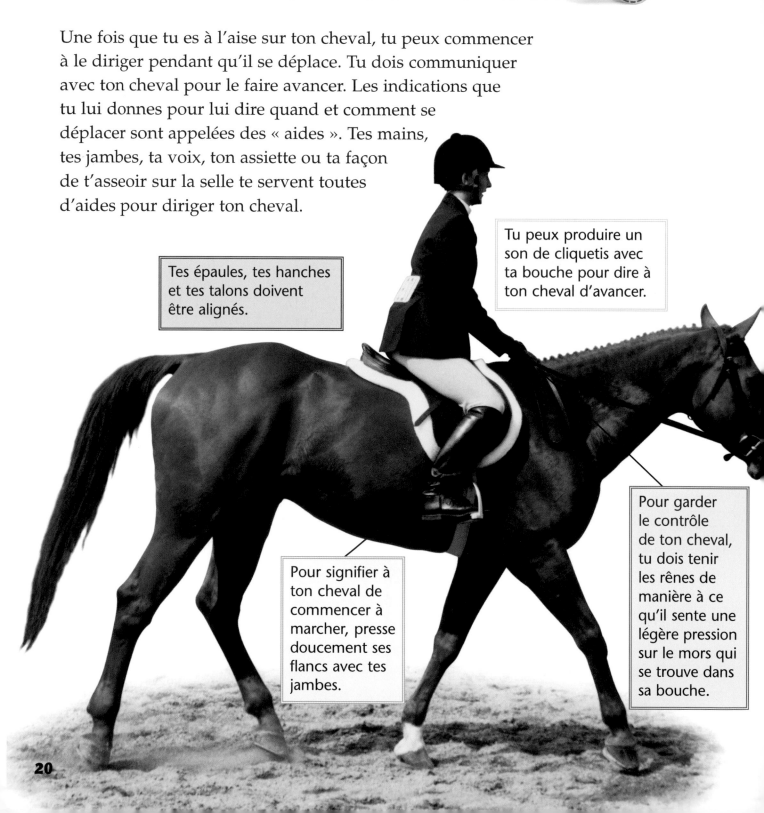

Tu peux produire un
son de cliquetis avec
ta bouche pour dire à
ton cheval d'avancer.

Tes épaules, tes hanches
et tes talons doivent
être alignés.

Pour signifier à
ton cheval de
commencer à
marcher, presse
doucement ses
flancs avec tes
jambes.

Pour garder
le contrôle
de ton cheval,
tu dois tenir
les rênes de
manière à ce
qu'il sente une
légère pression
sur le mors qui
se trouve dans
sa bouche.

Aides artificielles

Les mains, les jambes, l'assiette, le poids et la voix sont des aides naturelles parce qu'ils correspondent à des parties du corps du cavalier qui servent à diriger le cheval. Les aides artificielles sont des accessoires, comme la cravache montrée à droite ou les éperons ci-dessous. Ces aides ne blessent pas le cheval; elles l'incitent plutôt à bouger. Le cavalier tape l'arrière-main du cheval avec la cravache pour le faire avancer.

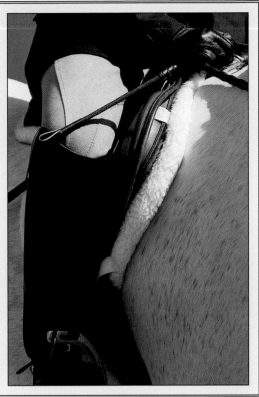

Tourner

Tes jambes sont des aides importantes pour tourner. Pour tourner à droite, appuie ta jambe droite sur le flanc droit du cheval. Déplace ta jambe gauche vers l'arrière pour empêcher l'arrière-main du cheval de trop tourner vers l'extérieur. Guide ton cheval en tirant doucement sur la rêne droite. La cavalière ci-contre regarde dans la direction où elle veut aller afin d'aider son cheval à suivre une courbe.

Arrêter

Pour faire arrêter ton cheval, tire un peu plus fort sur les deux rênes en même temps. Garde tes épaules, tes hanches et tes talons alignés, et mets tout ton poids sur la selle. Pour signifier à ton cheval que tu veux qu'il s'arrête, tu peux aussi dire « wô! »

Au galop!

Les différents rythmes auxquels un cheval se déplace sont appelés des « allures ». Les principales allures sont le pas, le trot, le petit galop et le grand galop. Le passage d'une allure à l'autre est appelé une « transition ». Le cavalier utilise des aides pour indiquer au cheval de faire une transition.

Lorsque ton cheval galope, tu sens un mouvement de ballottement de l'avant vers l'arrière. Essaie de t'asseoir fermement sur la selle et de laisser tes hanches suivre le mouvement.

Le trot

Le trot est une allure lente et sautée. Pour passer du pas au trot, presse les flancs de ton cheval avec tes jambes. Tu devras peut-être lui donner des petits coups de talons pour l'encourager. Le cavalier prend le « trot enlevé », c'est-à-dire qu'il se soulève de la selle au même rythme que l'allure du cheval. Il se lève au premier temps du trot, puis se rassoit au second temps.

Du trot au petit galop

Le petit galop est une allure rapide et sautée. Le cheval amorce le galop avec l'une de ses jambes arrière. Tu dois lui indiquer par quelle jambe arrière il doit partir au galop. Garde ta jambe intérieure au niveau de la sangle et appuie ton autre jambe derrière la sangle. Tire légèrement sur la rêne intérieure, puis relâche-la dès que le cheval commence à galoper.

Le grand galop

Le grand galop est l'allure la plus rapide. Le cheval allonge complètement ses jambes à chaque foulée. Pour passer du petit au grand galop, presse les flancs du cheval avec le bas de tes jambes. Durant le galop, assieds-toi dans la position de l'assiette en avant. Pour adopter cette position, soulève tes fesses de la selle, penche légèrement le buste vers l'avant et tiens-toi au-dessus du centre du cheval. Laisse tes mains suivre les mouvements du cou du cheval.

Lorsqu'un cheval est au petit galop, il allonge une jambe avant plus loin que l'autre. Ses jambes avancent par paire diagonale, c'est-à-dire qu'il déplace une jambe avant en même temps que la jambe arrière du côté opposé.

Si le cheval galope trop rapidement, tu peux tirer légèrement sur les rênes pour lui indiquer de ralentir.

Les sauts

Les sauts exigent beaucoup de pratique et de courage, tant de la part du cheval que du cavalier. Tu dois apprendre à sauter avec un cheval expérimenté et un instructeur. Ce dernier t'enseignera à placer ton corps dans la bonne position et à utiliser les aides requises pour faire sauter ton cheval. Lorsque ton cheval arrive à proximité d'un obstacle, tu dois être totalement prêt à le faire sauter. Sinon, il sentira ton hésitation et s'arrêtera. Un arrêt brusque pourrait te faire tomber.

Fais avancer ton cheval au pas par-dessus les barres qui ont été déposées sur le sol, à distance égale. Ensuite, fais-le passer au trot par-dessus les barres afin qu'il puisse ressentir le mouvement qu'il doit faire pour sauter. Exerce-toi à t'incliner vers l'avant lorsque le cheval passe par-dessus les barres.

Cette cavalière saute pour la première fois. Pour garder son équilibre plus efficacement, elle ne devrait pas s'incliner autant.

Les étapes du saut

Les cinq étapes du saut sont l'approche, l'appel, le planer, la réception et la sortie. Pour sauter de façon sécuritaire, il faut exécuter correctement chacune de ces étapes.

1. L'approche

À l'approche de l'obstacle, tu dois regarder devant toi et incliner légèrement le buste vers l'avant.

2. L'appel

Déplace légèrement tes jambes vers l'arrière et commence à les presser sur les flancs du cheval. Garde ta taille souple et déplace ton poids vers l'avant.

3. Le planer

Tiens-toi au-dessus de l'avant du cheval (voir la photo du haut) et soulève tes fesses de la selle. Laisse tes bras suivre le mouvement du cou du cheval vers l'avant, puis vers le bas.

4. La réception

Au moment où ton cheval atterrit, rassieds-toi en douceur, puis redresse le buste (voir la photo du bas).

5. La sortie

Garde ton équilibre et ta position pendant que tu t'éloignes de l'obstacle.

Garder le contrôle

Lorsqu'un cheval voit un mouvement ou un éclat de lumière soudain, il peut s'arrêter devant un obstacle ou s'échapper. Ce cheval refuse de sauter parce qu'il a été effrayé par une barre qui est tombée de l'obstacle.

Le cheval est un animal nerveux qui sursaute souvent. Il faut donc que tu demeures à l'affût des choses qui pourraient surprendre ton cheval. Les bruits forts, les mouvements brusques et les éclats de lumière peuvent faire en sorte qu'un cheval s'échappe ou change de direction brusquement et te fasse tomber. Lorsque ton cheval semble agité, reste calme. Si tu paniques ou que tu perds ton calme, ton cheval deviendra encore plus nerveux.

Le cheval qui rue

Il peut arriver que ton cheval rue, c'est-à-dire qu'il se lève sur ses jambes arrière (voir l'illustration à droite). Les ruades sont effrayantes et difficiles à maîtriser. Si cela se produit lorsque tu es sur ton cheval, penche-toi vers l'avant et évite de tirer sur les rênes. Les débutants ne devraient pas monter un cheval qui a tendance à ruer.

Le cheval rétif

Les chevaux peuvent être « rétifs », c'est-à-dire têtus. Il peut arriver que ton cheval change de direction sans prévenir ou qu'il refuse d'aller dans le sens que tu lui indiques. Parfois, il peut même essayer de retourner à l'écurie! Utilise les rênes pour le remettre sur le bon chemin. Appuie plus fortement sur ses flancs avec tes jambes pour l'inciter à avancer. Tu peux aussi utiliser ta voix et la cravache.

Une chute en douceur

Parfois, il est impossible d'éviter d'être éjecté du cheval. Pour ne pas se blesser, il faut donc savoir comment tomber. La chose la plus importante que tu dois retenir, c'est de garder ton corps détendu lorsque tu tombes. Si possible, mets-toi en boule pour protéger tes bras, tes jambes et ta tête, puis éloigne-toi du cheval en roulant.

Les concours hippiques

Lors d'un concours hippique, on met à l'épreuve l'habileté et l'endurance du cheval, ainsi que la capacité de son cavalier à le maîtriser et à le diriger. Des cavaliers de tous les niveaux peuvent participer aux différentes épreuves d'un concours hippique.

Le saut d'obstacles

Dans le saut d'obstacles, le cheval et le cavalier doivent démontrer leur habileté à sauter et à se déplacer sur un parcours. Le parcours comporte plusieurs obstacles que le cheval doit franchir dans un ordre précis. Les obstacles semblent assemblés solidement, mais, en fait, les différents éléments qui les composent peuvent tomber facilement. Chaque fois qu'un cheval fait tomber un obstacle, il s'agit d'une faute. Le cavalier qui remporte l'épreuve est celui dont le cheval a réussi à terminer le parcours le plus rapidement et en commettant le moins de fautes.

L'épreuve de chasse

Lors d'une épreuve de chasse (ou « hunter »), les cavaliers doivent tenter d'exécuter les sauts avec une technique parfaite plutôt que le plus rapidement possible. Les gagnants sont ceux qui réussissent le mieux à franchir les barrières et qui présentent la meilleure allure et la meilleure foulée entre chacun des obstacles.

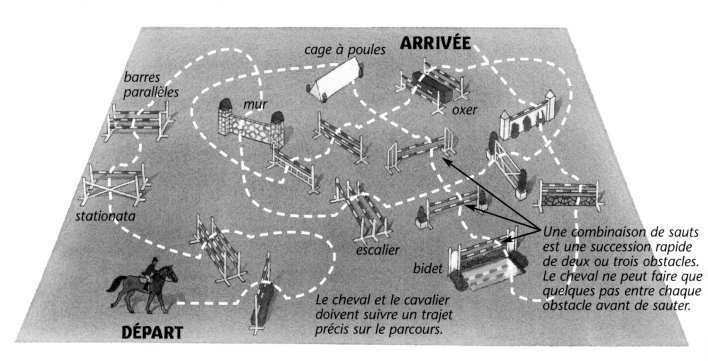

barres parallèles

cage à poules

ARRIVÉE

mur

oxer

stationata

escalier

bidet

Une combinaison de sauts est une succession rapide de deux ou trois obstacles. Le cheval ne peut faire que quelques pas entre chaque obstacle avant de sauter.

Le cheval et le cavalier doivent suivre un trajet précis sur le parcours.

DÉPART

Vitesse et endurance

Seuls les cavaliers expérimentés peuvent participer à l'épreuve de vitesse et d'endurance. Le cheval et le cavalier doivent parcourir des sentiers, des routes et des collines sur plusieurs kilomètres. L'une des étapes de cette épreuve est appelée le « **steeple-chase** ». Il s'agit d'une course de trois kilomètres comportant plusieurs obstacles difficiles. Les chevaux doivent prendre leur élan ou atterrir sur un terrain inégal. L'épreuve de vitesse et d'endurance requiert beaucoup d'habileté. Certains sauts se terminent même dans l'eau.

(ci-dessus) Le cross-country est une épreuve au cours de laquelle les cavaliers doivent parcourir entre cinq et huit kilomètres de sentiers hors route et franchir des obstacles naturels.

(ci-dessous) Ce concurrent à une épreuve de saut d'obstacles franchit des barres parallèles.

29

L'épreuve d'équitation

Dans plusieurs concours hippiques, on évalue les habiletés en équitation, c'est-à-dire la façon dont le cheval et le cavalier exécutent leurs manœuvres. Dans une épreuve d'équitation, les juges ne tiennent pas compte de la vitesse, mais plutôt de la forme et de l'apparence. Le cavalier et le cheval doivent faire preuve d'une technique parfaite sur le parcours.

Dans les épreuves sur le plat, le cheval et le cavalier doivent exécuter plusieurs allures. Le cavalier doit adopter une position parfaite pendant qu'il dirige son cheval au pas, au trot ou au petit galop, ou encore pendant les changements de direction. Le cavalier qui remporte l'épreuve est celui qui présente la meilleure position et qui commande le mieux son cheval.

Le dressage

Au cours de l'épreuve de **dressage**, le cavalier guide son cheval dans une série d'exercices complexes tels que l'**appuyer** et la **pirouette**. Le cavalier doit diriger son cheval à l'aide de petits mouvements précis de mains et de jambes. Les exercices de dressage permettent d'évaluer le contrôle du cavalier sur son cheval ainsi que l'adresse et l'obéissance de ce dernier. Les concours de dressage sont ouverts aux cavaliers des niveaux débutant à avancé. On appelle « grand prix » le concours de dressage pour les cavaliers avancés.

(à gauche) Dans les concours de dressage de niveau avancé, les hommes et les femmes portent une longue jaquette noire, une chemise blanche, de longues bottes noires et un haut-de-forme.

(ci-dessus) Les cavaliers obtiennent un ruban de couleur différente selon qu'ils se sont classés en première, en deuxième ou en troisième position.

Glossaire

appuyer Un exercice de dressage dans lequel le cheval se déplace vers l'avant et sur le côté

arrière-main Partie postérieure du cheval, qui est en arrière de la main du cavalier

bonne assiette Capacité de se tenir solidement sur un cheval sans l'aide des rênes ou des étriers

conformation La forme et l'apparence générales d'un cheval

cure-pied Instrument comportant un crochet en métal et servant à retirer les cailloux et les grosses saletés des sabots d'un cheval

dressage Discipline qui consiste à bouger légèrement ses mains, ses jambes et son poids afin de faire exécuter des manœuvres à un cheval

licou Ensemble de lanières installé sur la tête du cheval et servant à la diriger

manœuvre Mouvement ou exercice exigeant de l'adresse et du contrôle

mentonnière Bande passant sous le menton du cavalier pour maintenir sa bombe en place

montoir Banc servant à monter sur un cheval

pension Écurie qui loge, soigne et nourrit des chevaux en échange d'argent

pirouette Exercice au cours duquel le cheval tourne sur place

robe Pelage du cheval

steeple-chase Course de chevaux où il faut parcourir un terrain inégal et sauter par-dessus des buttes et des fossés

Index